Dichos de Sabiduría
e Inspiración para oradores
y predicadores

Dichos de Sabiduría e Inspiración para oradores y predicadores

Wilfredo Santos

Para ordenar copias adicionales de este libro, contactar:
Palibrio
1-877-407-5847
www.Palibrio.com
ordenes@palibrio.com
340947

AGRADECIMIENTOS

Gracias a Dios primeramente por permitirme escribir este libro y por la Inspiración del Espíritu Santo. A todos los que han aportado en mi vida a través de los años, a mis primeros pastores Nilda Torres y Joaquín Erazo y la Iglesia de Dios Pentecostal MI de Santa Elena Bayamón P.R. estamos eternamente agradecidos por lo que depositaron en nosotros. Al Reverendo Pablo Santana y La iglesia IDDPMI de Barrio Juan Domingo y al Reverendo Abiud y Georca Torres y la IDDPMI de la Day st en Boston Ma. A mi madre Catalina Perez y a mi padre Wilfredo Palomares por haberme dado el calor de un hogar. A mi esposa Shirley y mis hijos Eleny, Ashley, Abisael y Jonathan por su sacrificio en este ministerio. A la Iglesia Internacional Cristo Llama de fuego en Fall River Ma, donde estuve pastoreando por 7 años y a La Iglesia Internacional Cristo Llama de fuego de Fort Worth Texas por su sacrificio y apoyo, a mi y a mi familia Gracias! Los amamos mucho!

Para pedidos escriba a: 4200 South Freeway suite 1850 Fort Worth TX, 76115.

o llame al Tel—817 614-4668   817 614-2406
214 277-2325

Visítenos en nuestra página electrónica al: *www.clldf.org*

Hebreos 1:7 Y ciertamente de los ángeles dice: El que hace a sus ángeles espíritus, y a sus ministros llama de fuego.

Proverbios 2:6 "Porque Jehová da la sabiduría, Y de su boca viene el conocimiento y la inteligencia.

A través de los años he recopilado dichos de sabiduría que el Espíritu Santo me ha dado y otros que he adquirido de diferentes hombres de Dios a través del tiempo. Este libro tiene el propósito de ser una herramienta útil para cualquier predicador o comunicador que ve la necesidad de tener un discurso fresco, especialmente cuando nos dirigimos en ocasiones por años a una misma audiencia.

El predicador no debe constituirse en un mero repetidor de dichos, que termina aplicándolos mas por la similitud que por la lógica. Un dicho o frase hecha es un conjunto de palabras con que se da a expresar una inspiración, enseñanza o verdad. El propósito de dichos de sabiduría es proveer ayuda a implementar en sermones o discursos para los predicadores o comunicadores sin invitarlos a la pereza mental o espiritual, sino motivándolos a meditar en nuevos dichos que serán dados por el Espíritu Santo a sus vidas, enriqueciendo así el mensaje llevado a la audiencia. El libro contiene dichos para que el orador las aplique como mejor considere hacerlo: Los dichos que contiene el libro pretenden ser una herramienta para el orador: el sabio uso de los mismos depende de cada uno de ellos. Un orador no se formará nunca leyendo dichos, anécdotas o bosquejos de sermones pensados por otros, solo se deben utilizar para despertar la creatividad que nos fue dada a cada uno por el Espíritu Santo.

Este libro no pretende sustituir la palabra de Dios, sino más bien una herramienta de palabras inspiradas que Dios me ha dado a través de los años y también a hombres y mujeres de Dios que han marcado este mundo desde las filas del anonimato a través de los tiempos. No pretendemos tomar crédito por todas pero aun así queremos reconocer y honrar a tantos que han servido en el reino de Dios sin habérseles dejado oír su voz grabada en páginas, por medio de este libro los honramos y damos gracias a Dios por cada uno de ellos en el nombre de Jesús. Este libro le dará los adornos de la casa (mensaje) que esta construyendo, una chispa en medio de una intersección del discurso.

El libro dichos de sabiduría, fue diseñado para hombres y mujeres con el llamado de parte de Dios a esta santa profesión y que quieren crecer en el campo de la oratoria, predicación o aun en la comunicación (motivadores).

El predicador u orador es un ser envuelto en el torbellino de la elocuencia, que llega a ignorar que permanece suspendido en el aire: es en definitiva un hombre que ama lo que dice. El ser lleno del Espíritu Santo no se circunscribe a <<gritar>>, sino a <<decir palabras indecibles … >> propias del Espíritu.

Quintiliano dijo: "Se llega a cocinero, pero solo sabe preparar un asado quien ha nacido para ello"

1. La intensidad de tu fe, determinará la inmensidad de tu milagro.

2. Los pensamientos se convierten en palabras, las palabras en acciones, las acciones en hábitos, los hábitos en carácter y el carácter en tu destino.

3. Somos lo que repetidamente hacemos.

4.   Tu futuro es el pasado de Dios.

5.   Hay una diferencia entre estudiar el pasado, y quedarse en el.

6.   Tu boca esta hablando, lo que tu corazón está viendo.

7. Tu carro correrá hacia donde tienes tu atención.

8. Dios tenía la solución, antes que supieras el problema.

9. La gente que no sufre contigo en tu prueba, tampoco se alegraran contigo en tu éxito.

10. La adversidad es un puente, para cruzar a algo mayor.

11. Lo que el enemigo quiso para tu mal, Dios lo usó para tu bien.

12. En los momentos más oscuros, nacerán los proyectos más brillantes.

13. Donde yo estoy, no es a donde yo voy.

14. Deslealtad es el producto de un corazón malagradecido.

15. Los que te dejan en tu vida, solo están creando espacio para otros que vendrán, valorizarán y apreciarán quien eres y lo que haces.

16. No hables de lo que ves, habla lo que quieres ver.

17. Nunca poseerás, lo que no estás dispuesto a perseguir.

18. Tus sueños son metas.

19. Una mente cansada, raramente tomará buenas decisiones.

20. El tiempo de descanso, es tiempo de restauración.

21. Mientras mas lejos estés de la gente, mas cerca estarás de Dios.

22. Planificar es el punto de partida, hacia cualquier sueño.

23. Un plan es una lista escrita de acciones necesarias a tomar, para alcanzar una meta deseada.

24. Dios honra a hombres que planifican.

25. La biblia es el plan de Dios para tu vida.

26. Exito es usualmente, eventos planificados.

27. Conquista tu pasado enfocándote en tu futuro.

28. Nunca permitas que lo que otros digan de ti, cambie tu opinión de ti mismo.

29. Los campeones no se convierten en exitosos en el ring, solo son reconocidos en el ring.

30. A mi no me preocupa lo que viste con tus ojos, me interesa lo que oyeron tus oídos

31. Toda persona contiene un potencial.

32. Fuiste creado con el deseo de crecer.

33. Nunca construyas cosas permanentes,
en lugares temporales.

34. Tus críticos solo son espectadores, no jugadores.

35. La amargura es mas devastadora que la traición, te lo haces a ti mismo.

36. Eres hoy la decisión que tomaste ayer.

37. Eres la suma total de tus experiencias.

38. Un pedazo de información puede cambiar tu fracaso en éxito.

39. La gente ve lo que tu eres por fuera, Dios conoce quien eres adentro.

40. La instrucción que tú sigas, determinará el futuro que será creado.

41. La diferencia entre pobreza y riqueza, es la reacción a una instrucción.

42. Tus enemigos son tu sello de aprobación.

43. Tus enemigos son la señal inequívoca, que Dios te llamó a hacerlo.

44. Déjale las críticas a tus enemigos, y los resultados a tu Dios.

45. Dios te llama a tiempo completo, luego que has sido fiel a tiempo parcial.

46. Nunca podrás llegar al destino correcto, con la dirección equivocada.

47. Dios hazme mejor, no mayor.

48. Mi pasado no determina mi futuro.

49. El problema no es vivir en un lugar
pobre, es que la pobreza no viva en ti.

50. La mayor motivación de la vida no es la
externa, ni la interna sino la eterna.

51. El que cree estar guiando pero nadie
le sigue, solo está dando un paseo.

52. Tus hechos me están negando lo que tu boca me está diciendo.

53. La gente ve tus síntomas, Dios conoce tu enfermedad.

54. Dios no te ama por lo que haces, te ama por lo que eres.

55. No hables de tu problema, háblale a tu problema.

56. La fe no fue diseñada para verla o sentirla, sino para usarla.

57. Tu condición se ajustara a tu posición.

58. La mente es como un paracaídas, que solo funciona cuando se abre.

59. Hay gente que creen que merecen lo que tu tienes, y no pueden tenerlo y hay gente que cree que no merecen lo que tienen y no pueden dejarlo.

60. Alguna vez has hecho algo que te ha gustado, pero no te ha gustado lo que has hecho?

61. Si no enfrentas a tus enemigos hoy, tus hijos tendrán que enfrentarlos mañana.

62. Tu pasión por la promesa es lo que te da poder, para lidiar con el problema.

63. Hasta que no descubras tu semilla, no puedes encontrar tu fruto.

64. No puedes recibir, lo que tú no das.

65. Tú no ves con tus ojos, tus ves con tu mente.

66. Fe es ver, sin tener que mirar.

67. Actúa como lo que tú eres, eres lo que tú piensas.

68. No importa lo que te pregunten, lo que sí importa es como les contestes.

69. No importa que vivas en los proyectos, lo que importa es que los proyectos no vivan en ti.

70. No recibirás, lo que no estás esperando.

71. Tú no viniste de tus padres, viniste a través de tus padres.

72. Si siembras lo que tienes, Dios te dará lo que no tienes.

73. Cuando abras tu mano en la tierra,
    Dios abrirá su mano en el cielo.

74. La persistencia trae perseverancia, la
    perseverancia trae promoción.

75. Es imposible ser creyente y al mismo
    tiempo no creer la palabra de Dios.

76. El gozo es una decisión que se toma, y no una emoción que se siente.

77. Nunca sabrás cuan fuerte eres, hasta que te encuentres en tu debilidad mas grande.

78. El oído es la boca del alma.

79. Tu no tienes que verlo, para empezar a celebrarlo.

80. El diablo te tiene exactamente, donde Dios te quiere.

81. El diablo quiere que mires tu situación, y no tus posibilidades.

82. En tu momento más débil, Dios hará lo más fuerte.

83. Nuestras vidas no son determinadas por lo que nos ocurre en la vida, sino por la actitud que tomamos ante lo que nos ocurre.

84. Mientras mas fuerte el conflicto, mas glorioso el triunfo.

85. La fuerza de un equipo esta en cada uno de los miembros del equipo, y la fuerza de cada miembro en el equipo.

86. A menos que trates de hacer algo mas allá de lo que ya puedas dominar, nunca crecerás.

87. Si puedes ver lo invisible, puedes hacer lo imposible.

88. Si cambias tu enfoque, cambiarás tus sentimientos.

89. No camines en lo que tus ojos ven, camina en lo que tu carrazón sabe.

90. No trates de enseñar, lo que tú no aprendes.

91. Antes de ser maestro de otro, enséñate a ti mismo.

92. Si quieres saber quien realmente eres, mírate cuando nadie te ve.

93. Los líderes se preparan para el éxito, en lugar de preocuparse por el fracaso.

94. Dios no está preparando una bendición para ti, te está preparando a ti para una bendición.

95. Liderazgo no es posición es acción.

96. No estés tan ocupado enseñando de Dios, que ya no puedas oír a Dios enseñándote a ti.

97. No dejes que nadie te encierre, en la cárcel de su opinión.

98. Como te atreves a morir antes de vivir!

99. Si quieres saber a quien perteneces, mírate bien a quien obedeces.

100. Una caída no determina el resultado de la pelea.

101. El conocimiento humano viene por información, la sabiduría de Dios viene por revelación.

102. Señor; "dame la fe que necesito, para ver el milagro que quiero".

103. La fe cree para poder entender, y no exige entender para poder creer.

104. Cuando hay renovación en lo interior, ocurre la transformación en lo exterior.

105. Para hacer lo que Dios quiere, tendrás que hacer lo que no quieres.

106. Cuando ores por tus enemigos, Dios te dará verdaderos amigos.

107. Mientras mas mal te hagan, más bien Dios traerá sobre ti.

108. Enséñame tus amigos, y te enseñaré tu futuro.

109. Una semilla de fe es sembrar lo que se te ha dado, para crear lo que se te ha prometido.

110. El diablo te quiere hacer creer que tu eres lo que tu haces; No! Tú eres lo que Dios dijo!

111. Arrodillarse ante Dios es la mejor manera de mantenerse de pie ante el hombre.

112. Tú no te ahogas por tirarte al agua, te ahogas si te quedas en ella.

113. El silencio te prepara para el comienzo.

114. La clave para identificar un billete falso, es pasar horas y horas tocando los verdaderos.

115. Si Dios no cambia, Imagínate quien es el que tiene que cambiar?

116. Si es la voluntad de Dios, entonces la cuenta la paga Dios!

117. Algunas personas te bendicen cuando llegan a tu vida, otras te bendicen cuando salen de tu vida.

118. *Deja de fijarte en tus debilidades, y concéntrate en tus fortalezas.*

119. *Hay debilidad en la fortaleza, y fortaleza en la debilidad.*

120. *Si Dios pudo sacarte de donde tu estabas y llevarte hasta donde estas ahora, de seguro que puede tomarte de donde estas ahora y llevarte hacia donde debes estar.*

121. Dios me dijo: Yo no estoy viendo, lo que tu estas mirando.

122. Dios no vive en la eternidad, el es la eternidad.

123. Dios no vive en los cielos, Los cielos viven en el.

124. La obediencia te pone en orden, con lo que Dios ya ha ordenado.

125. Nunca podrás ser lo que deseas ser, hasta que te hallas despojado de lo que solías ser.

126. La persecución es evidencia de tu bendición.

127. Dios usara tu condición, para elevar tu posición.

128. Nunca podrás comprar aquello de lo cual ya eres dueño.

129. Le preguntaron a Helen Keller: ¿Que puede ser peor que nacer sin vista? Ella contesto: "La persona mas miserable del mundo es aquella que tiene vista, pero no tiene visión".

130. La vista de deja ver lo que esta por fuera, la visión te revela lo que esta por dentro.

131. El secreto del éxito es el ser capaz de ver lo bueno que se esconde en cada situación mala.

132. El pesimista ve obstáculos en sus oportunidades, el optimista ve oportunidades en sus obstáculos.

133. Oramos por fortaleza y Dios nos permite situaciones difíciles, para hacernos fuertes.

134. La gente que no tiene el valor de cortar aquello que no esta sano, será cortado por aquello que dejó enfermo.

135. Hay gente que están cerca de ti, pero viven lejos de ti.

136. Tienes que aprender a servir, antes de comenzar a mandar.

137. Lo que tú llamas muerte, Dios lo llama sueño.

138. Si quieres ser bendecido, debes bendecir.

139. Lo que tú recibes esta directamente conectado a lo que tú haces.

140. Es demasiado tarde para llamar a un salvavidas, después que alguien ya se ha ahogado.

141. Tus fracasos te acercarán a Dios, mas que tus exitos.

142. Jesús no es un hombre que llego a ser Dios, sino un Dios que llego a ser hombre.

143. Esto no puede ser explicado, solo experimentado.

144. Tu puedes recuperarlo todo, aunque no te hallas recuperado del todo.

145. No puedes determinar mi futuro destino, por mi presente ubicación.

146. La palabra es el pensamiento vestido de vocabulario.

147. Lo que tú ves, es el resultado de lo que no ves.

148. Antes de conquistar al mundo, debes conquistarte a ti mismo.

149. No te enamores de la manera en que Dios te provee, sino en quien te provee.

150. Creo que mi precio es lo que doy, no lo que poseo. Si lo que usted vale estuviera basado en sus dadivas, cual seria su verdadero valor? Un espíritu caritativo no es una opción es un mandato.

151. Nos ganamos la vida con lo que obtenemos, pero solo hacemos una vida con lo que damos.

152. Aquel que nunca a dudado, es porque nunca ha creído.

153. Las estrellas no necesitan la oscuridad para existir, pero nosotros la necesitamos para poder verlas.

154. Aquellos que han experimentado las dudas más severas, son aquellos que emergen a menudo con la fe más fuerte.

155. Lo que importa mas no es cuan alto saltamos cuando tenemos el espíritu, sino cuan derecho caminamos cuando descendemos al suelo.

156. Guardar resentimientos es como tomar veneno y esperar que la otra persona muera.

157. Para Dios conectarte con algo grande, te desconectará primero de algo pequeño.

158. Cuando tu obedeces a Dios, los demonios te obedecen a ti.

159. Prefiero caminar con Dios en las tinieblas, que caminar solo en la luz del día.

160. Dios te dará su mejor palabra en tu peor momento.

161. No dependo de lo que soy, dependo de lo que el es.

162. Jesús es la eternidad en el tiempo.

163. La vida eterna es vivir, en lo que ya se escribió.

164. Tú no tienes un propósito, el propósito te tiene a ti.

165. Una mentira creída, se podría convertir en tu verdad!

166. Cuando tu dolor se une con su amor, simplemente ocurre un milagro.

167. Dios busca al peor piloto, para manejar su mejor avión.

168. Hay gente que no es feliz con lo que tiene, porque siempre están sufriendo por lo que les falta.

169. Llega un punto en tu vida donde realizas; quien es importante, quien nunca lo fue, quien ya no lo será y quien siempre lo será.

170. Tendrás mas en tu futuro, de lo que perdiste en tu pasado.

171. El mismo sol que derrite el hielo, también endurece el barro.

172. Cada uno de los que están aquí: "tiene un problema" "es un problema" o "vive con un Problema".

173. La gracia de Dios no es una licencia para pecar, sino la provisión del poder para contrarrestarlo.

174. Victoria no son casas, carros o dinero, victoria es vivir santa, sobria y justamente.

175. El talento te lleva a la cima, solo la disciplina te mantiene en ella.

176. Poca oración, poco poder. Más oración, más poder. Mucha oración, mucho Poder!

177. Lo que cambia no es lo que tú sabes, lo que cambia es lo que tú aplicas.

178. Jamás podrás impresionar a Dios con lo que haces, pero podrás impresionarlo con lo que crees.

179. Una cosa es lo que ellos dicen, otra cosa es lo que Dios dijo!

180. En la torre de babel Dios confundió las lenguas, en el aposento alto Dios perfeccionó las lenguas.

181. No duermas en el espacio de tiempo, que Dios te dio para descansar.

182. La palabra de Dios es la llave que abre el reino, y transfiere a la tierra lo sobrenatural.

183. Los peores errores de tu pasado, se convertirán en los mejores maestros en tu futuro.

184. Cuando Dios permite que el diablo te tire, es porque quiere que tú le batees.

185. No permitas que lo que tus ojos ven, determine lo que tu corazón sabe.

186. Aprende a ver, con tus oídos.

187. Cuando puedes dar desprendidamente, es evidencia que has conquistado la avaricia.

188. Dios no siempre te da lo que quieres, para darte lo que el anhela.

189. La responsabilidad y la disciplina le ponen limitaciones a tu desorden.

190. Lo que tú ves, te aleja de lo verdadero.

191. Hay veces que no veo mi camino, pero conozco mi destino.

192. No veo, pero creo!

193. Lo que tu estas viendo, no te deja ver.

194. Mientras mas intenso el ataque, más inmensa la Victoria!

195. De acuerdo a la intensidad de tu entrenamiento, será la grandeza de tu llamado.

196. Dios no unge métodos, Dios unge gente.

197. Cada unción tiene un tiempo de activación.

198. Toda vida termina siendo el espacio entre dos fechas grabadas en piedra.

199. La cuestión no es la cantidad de tiempo que vivamos, sino la calidad con que lo hagamos.

200. Las riquezas es lo que tu tienes, pero rico es lo que tu eres.

201. La fe te hace andar en el mundo espiritual, sin ser detectado.

202. Hay dos cosas en tu vida que están ocurriendo; te estas convirtiendo a ellos, o ellos se están convirtiendo a ti.

203. Para poder maximizar tu vida, tienes que minimizar primero tu carga.

204. Una poderosa bendición, a veces podría venir disfrazada de una mala noticia.

205. A veces retrasarse, es mejor que no acabar el viaje.

206. Mis éxitos son el resultado, de los ingredientes de mis fracasos.

207. Una decisión te da dirección y la dirección te lleva a tu destino.

208. Dios tiene una promesa, un plan, y un propósito.

209. Una mente que funciona con precisión, a menudo es solo el resultado de haber descansado bien la noche anterior.

210. Los necios piensan que el trabajo que hacen, es más importante que los que hacen el trabajo.

211. Tu mejor palabra, nació de tu peor silencio.

212. Suerte es cuando la preparación y la oportunidad se encuentran.

213. Nadie se encuentra con el éxito, sin un gran esfuerzo y desafío.

214. Dios a veces permite que el diablo te quite algo bueno, para el darte algo mejor.

215. Tienes que permanecer motivado, aun cuando te sientas incapacitado.

216. El diablo quiere que tú vivas temporalmente para que mueras eternamente, Dios quiere que tu mueras temporalmente para que vivas eternamente.

217. A veces el silencio es la mejor respuesta, ante una acusación falsa.

218. A donde vamos es mejor que en donde hemos estado.

219. Cuando el diablo grita, es porque algo le duele.

220. Los verdaderos amigos se hieren con la verdad, para no destruirse con la mentira.

221. La victoria se produce o decae según el líder levante o deje caer sus manos.

222. El intelecto recibe enseñanza, el espíritu recibe revelación.

223. La información correcta, cambiará tu fracaso en éxito.

224. Escucha, observa y aprende.

225. Hoy verás cosas que nunca habías visto.

226. *La fe imposibilita lo imposible.*

227. *Cristo vino como profeta, para traer conocimiento y verdad. Como sacerdote para ofrecer el sacrificio y revocar la culpa. Como Rey para gobernar, guiar y establecer el reino de justicia.*

228. *El conocimiento es poder.*

230. Si quieres citar como un líder, debes tomar nota como un líder.

231. Hay gente que habla, pero no tienen nada que decir.

232. El verdadero amor da, sin tener que recibir nada a cambio.

233. Yo no amo a Dios por lo que el me pueda dar, amo a Dios por lo que el ya me dió.

234. Dios no siempre llama gente cualificada, pero el siempre cualifica aquellos que llama.

235. Nunca podrás tener amigos genuinos, si ocultas tu verdadero yo.

236. Si ocultas tu verdadero yo de tus amigos, ellos solo amarán lo que haces, no quien eres!

237. El odio no perjudica al odiado, sino al que odia.

238. Nunca te veas como una victima, sino como un victorioso.

239. Tú no eres una victima de tus circunstancias, tus circunstancias son una victima de Dios.

240. No le digas a Dios cuan grande es tu problema, dile a tu problema cuan grande es tu Dios!

241. El error mas grande que hizo el diablo, fue darte por muerto!

242. El dejarte medio muerto siempre alejará a tus enemigos, y atraerá a tus verdaderos amigos.

243. Una ostra que no fue herida de algún modo, no puede producir una perla, porque la perla no es otra cosa que una herida cicatrizada. ¿Te han herido? Entonces; produce una perla!

244. ¿Estás esperando por Dios? Dios está esperando por ti.

245. Hay gente que hablan de Dios, pero no hablan con Dios.

246. Eres el producto de tus decisiones.

247. Tres clases de fe: La que nace con uno, la fe que viene por el oír, la que recibes por don.

248. Si no te gusta lo que estas cosechando, cambia lo que estas sembrado.

249. Nunca podrás llevar a los que te siguen, a donde nunca has estado.

250. Nunca podrás sanar, aquello que no puedes detectar.

251. El secreto de tu futuro está escondido en tu rutina diaria.

252. Nunca podrás corregir, lo que no estás dispuesto a confrontar.

253. La intensidad de tu preparación, determinará la calidad de tu actuación.

254. Todo lo que no produce cambio en ti, es innecesario en tu vida.

255. Satanás siempre ataca a aquellos que están próximos en línea a ser promovidos.

256. Tus pruebas fueron ordenadas.

257. Sudor es debilidad saliendo del cuerpo.

258. Le preguntaron una vez a Tom Landry, el exitoso entrenador de los Dallas Cowboys: ¿Qué se necesita para ser campeón? Su respuesta fue: Un campeón es sencillamente alguien que no se rinde, cuando está queriendo hacerlo.

259. Lo más triste del mundo es ver gente con talentos, pero sin éxito.

260. La educacion no basta, el mundo está lleno de vagabundos educados, solo la persistencia y la determinación son omnipotentes.

261. Aunque un billete se pierda, nunca perderá su valor.

262. Encontrar es el resultado de buscar.

263. Tú no fuiste creado, en el mismo tiempo que fuiste formado.

264. Cuando Sansón perdió la vista, encontró la visión.

265. A veces Dios te usará a ti, para ministrarte a ti.

266. Hay veces que no tengo que hablar con Dios, para comunicarme con Dios.

267. Los líderes que ven el presente son realistas, los líderes que ven el futuro son visionarios.

268. Antes de ser efectivos en alcanzar al mundo para Cristo, necesitamos saber que Cristo nos ha llamado para alcanzarlo a el.

269. Cuando una palabra de Dios es dada, la razón nunca es requerida.

270. Un policía tiene un chaleco a prueba de balas, Dios te hizo a prueba de diablo

271. Todo lo que está desconectado de Dios, está sujeto al tiempo.

272. No me preocupan los muertos, son los vivos los que me preocupan.

273. Tu fe fue diseñada para trabajar mejor, en lo peor.

274. Primero te conocen, luego se ríen de ti, luego te hacen la guerra, ¡Luego tu ganas!!.

275. Cuando tú estas seguro de quien tu eres, la opinión publica no cuenta.

276. No planificar es lo mismo que planificar un fracaso.

277. Cuando Dios te dice que no a lo que tu quieres, te está diciendo que sí a su voluntad!

278. Tus hechos predican más que tus palabras.

279. Los pactos con Dios traspasan generaciones.

280. Las cosas que no te matan, te hacen más fuerte.

281. Los sueños que has enterrado se harán realidad.

282. Todo lo que se levanta contra lo que Dios ha dicho, ya perdió la batalla.

283. Dios no usa vasos de oro, el usa vasos de barro.

284. Tú tienes poder para crear, el diablo solo tiene poder para usar lo creado.

285. No permitas que tus circunstancias, dicten tu felicidad.

286. La unción no se manifiesta por el sacrificio, sino por la obediencia.

287. La fe es creer que Dios tiene palabra y jugárselo todo a que Dios cumplirá sus promesas.

288. La gracia es la mano que da, la fe es la mano que recibe.

289. El atreverse solo es posible cuando se confía.

290. La ley de la palabra de Dios es un principio basado en consecuencias predecibles.

291. Mucha gente no ha hecho la conexión entre lo que dicen, y en lo que tienen en su vida. No tienen idea que las dos están conectadas.

292. El diablo no quiere que tú creas nada de lo que dices.

293. Tú no vas a ver nada diferente en tu vida, de lo que está saliendo por tu boca.

294. La meta suprema del crecimiento, es que seamos parecidos a Cristo.

295. Millones de personas han envejecido, sin jamás haber crecido.

296. No existen atajos para llegar a la madurez, es un proceso lento.

297. Cuida lo que tienes, antes de que lo que tienes lo cuide otro!

298. Tu vida es demasiado preciosa para dejarla en manos de otros.

299. Un cambio en tu vida siempre comienza, con un cambio en tus palabras.

300. No se supone que veas, se supone que creas!